Impressum
Verlag: BABADADA GmbH, Nedderfeld 112 , 22529 Hamburg
Geschäftsführer / Verlagsleitung: Harald Hof
Druck: Books on Demand GmbH, In de Tarpen 42, 22848 Norderstedt

Imprint
Publisher: BABADADA GmbH, Nedderfeld 112 , 22529 Hamburg, Germany
Managing Director / Publishing direction: Harald Hof
Print: Books on Demand GmbH, In de Tarpen 42, 22848 Norderstedt, Germany

kool
School

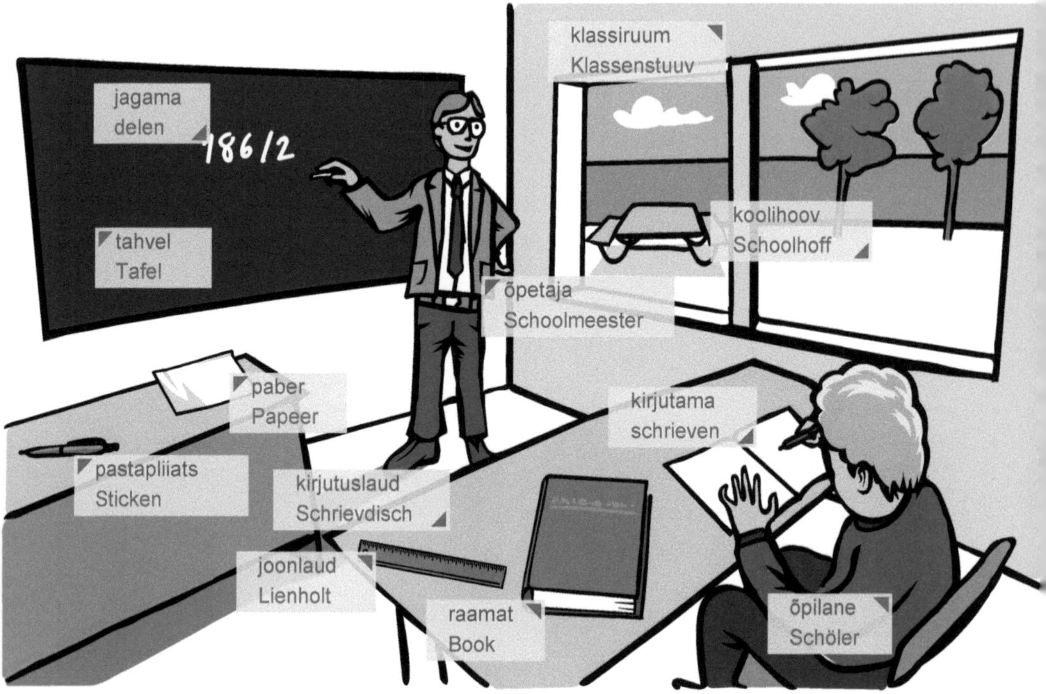
klassiruum
Klassenstuuv
jagama
delen
186/2
tahvel
Tafel
koolihoov
Schoolhoff
õpetaja
Schoolmeester
paber
Papeer
kirjutama
schrieven
pastapliiats
Sticken
kirjutuslaud
Schrievdisch
joonlaud
Lienholt
raamat
Book
õpilane
Schöler

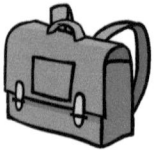

koolikott

Ranzel

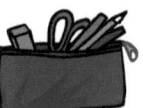

pinal

Feddermapp

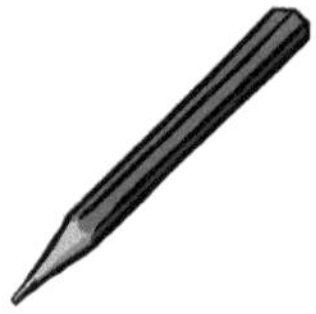

harilik pliiats

Bleesticken

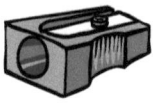

pliiatsiteritaja

Scharpmaker

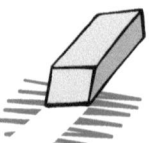

kustukumm

Radeergummi

joonistusplokk

Tekenblock

joonistus
Teken

pintsel
Pinsel

värvikarp
Malkassen

käärid
Scheer

liim
Klever

töövihik
Heft to'n Öven

kodutöö
Huusopgaav

12

number
Tall

2+2

liitma
tohooptellen

5-2

lahutama
aftrecken

2×2

korrutama
malnehmen

arvutama
reken

A

täht
Bookstaav

ABCDEFG
HIJKLMN
OPQRSTU
VWXYZ

tähestik
ABC

sõna
Woort

tekst

Text

lugema

lesen

kriit

Kried

koolitund

Stunn

klassipäevik

Klassenbook

eksam

Pröven

tunnistus

Tüügnis

koolivorm

Schooluniform

haridus

Utbillen

entsüklopeedia

Nakieksel

ülikool

Universität

mikroskoop

Mikroskop

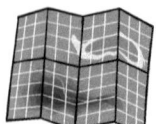

kaart

Koort

paberikorv

Papeerkorf

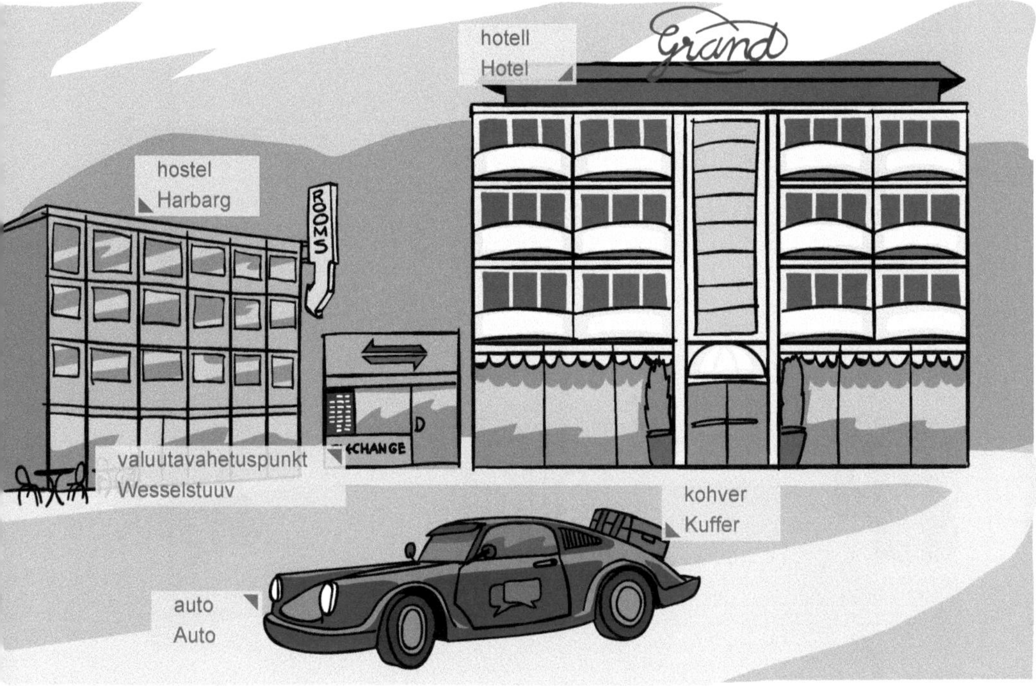

hotell
Hotel
Grand
hostel
Harbarg
ROOMS
valuutavahetuspunkt
Wesselstuuv
CHANGE
kohver
Kuffer
auto
Auto

keel

Spraak

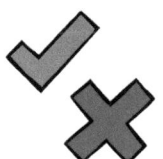

jah / ei

jo / ne

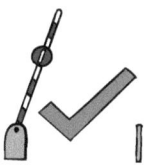

okei

Jo

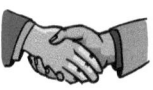

Tere!

Moin

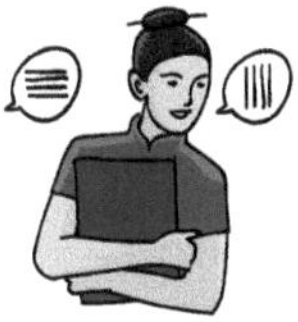

tõlk

Översetter

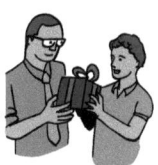

Aitäh!

Dank ok

Kui palju maksab …?

Wat kost…?

Ma ei saa aru

Ik verstah nich

probleem

Problem

Tere õhtust!

Goden Avend

Tere hommikust!

Moin!

Head ööd!

Gode Nacht!

Head aega!

Tschüüs

suund

Richt

pagas

Bagaasch

kott

Tasch

seljakott

Rüchsack

külaline

Gast

tuba

Stuuv

magamiskott

Slaapsack

telk

Telt

turismiinfo

Touristeninformatschoon

rand

Strand

krediitkaart

Kreditkoort

hommikusöök

Fröhstück

lõunasöök

Meddageten

õhtusöök

Avendeten

pilet

Fohrkort

lift

Fohrstohl

postmark

Breefmark

riigipiir

Grenz

toll

Toll

saatkond

Bottschop

viisa

Visum

pass

Pass

transport

Transport

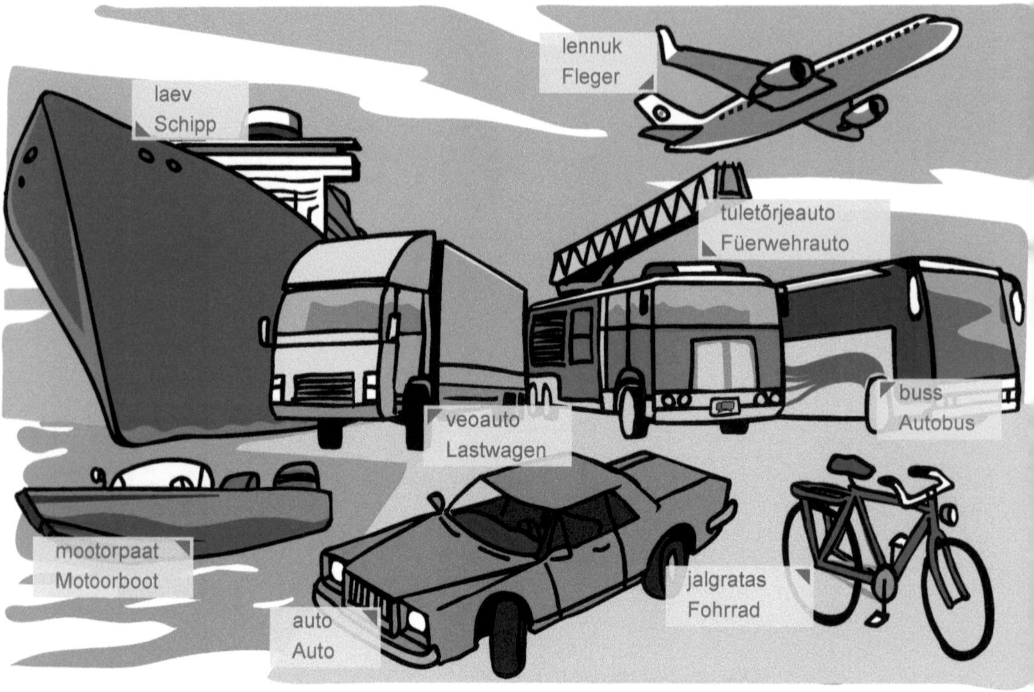
lennuk
Fleger
laev
Schipp
tuletõrjeauto
Füerwehrauto
buss
Autobus
veoauto
Lastwagen
mootorpaat
Motoorboot
jalgratas
Fohrrad
auto
Auto

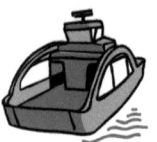

praam

Fähr

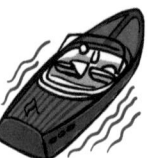

paat

Boot

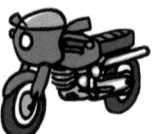

mootorratas

Motoorrad

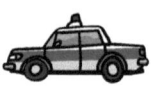

politseiauto

Polizeiauto

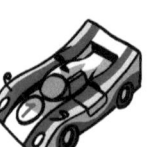

võidusõiduauto

Rönnauto

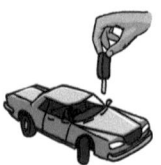

rendiauto

Lehnwagen

ühisauto
Carsharing

puksiirauto
Afsleepwagen

prügiauto
Müllauto

mootor
Motoor

kütus
Kraftstoff

tankla
Tanksteed

liiklusmärk
Verkehrsschild

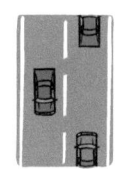

liiklus
Verkehr

liiklusummik
Stau

parkla
Afstellplatz

raudteejaam
Bahnhoff

rööpad
Sporen

rong
Tog

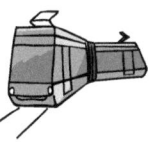

tramm
Stratenbahn

vagun
Wagon

helikopter

Dwarsmöhl

lennujaam

Flooghaven

torn

Tower

reisija

Fohrgast

konteiner

Grootkist

pappkast

Karton

käru

Koor

korv

Korf

õhku tõusma / maanduma

starten / lannen

linn

Stadt

küla

Dörp

kesklinn

Binnenstadt

maja

Huus

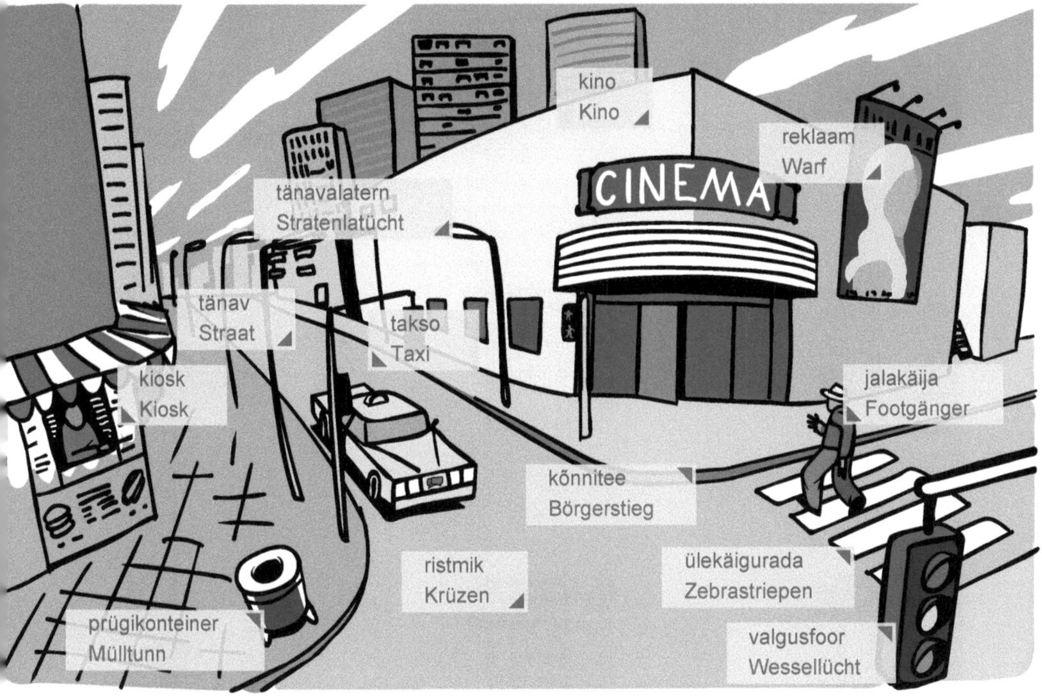

kino
Kino

reklaam
Warf

tänavalatern
Stratenlatücht

tänav
Straat

takso
Taxi

kiosk
Kiosk

CINEMA

jalakäija
Footgänger

kõnnitee
Börgerstieg

ristmik
Krüzen

ülekäigurada
Zebrastriepen

prügikonteiner
Mülltunn

valgusfoor
Wessellücht

osmik

Hütt

kortermaja

Wahnung

raudteejaam

Bahnhoff

raekoda

Raathuus

muuseum

Museum

kool

School

ülikool

Universität

pank

Bank

haigla

Krankenhuus

hotell

Hotel

apteek

Afteek

kontor

Büro

raamatupood

Bookhökerie

kauplus

Hökerie

lillepood

Blomenhökerie

supermarket

Supermarkt

turg

Markt

kaubamaja

Koophuus

kalapood

Fischhökerie

kaubanduskeskus

Inkoopszentrum

sadam

Haven

park

Parkanlaag

pink

Bank

sild

Brüch

trepp

Trepp

metroo

Ünnergrundbahn

tunnel

Tunnel

bussipeatus

Busstoppsteed

baar

Bar

restoran

Spieslokal

postkast

Breefkassen

tänavasilt

Stratenschild

parkimisautomaat

Parkklock

loomaaed

Deertenpark

ujula

Baadanstalt

mošee

Moschee

talu
Buernhoff

reostus
Ümweltversmudden

surnuaed
Karkhoff

kirik
Kark

mänguväljak
Speelplatz

tempel
Tempel

maastik
Landschop

leht
Blatt

teeviit
Wiespahl

tee
Weg

aas
Wisch

kivi
Steen

puu
Boom

matkaja
Wannerer

jõgi
Fluss

rohi
Gras

lill
Bloom

org
Daal

mägi
Barg

järv
See

mets
Holt

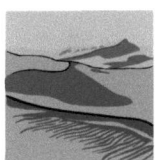

kõrb
Wööst

vulkaan
Füerspien Barg

linnus
Slott

vikerkaar
Regenbagen

seen
Poggenstohl

palm
Palm

sääsk
Steekmück

kärbes
Fleeg

sipelgas
Miegeemk

mesilane
Imm

ämblik
Spinn

mardikas

Sebber

konn

Pogg

orav

Katteker

siil

Swienegel

jänes

Haas

öökull

Uul

lind

Vagel

luik

Swaan

metssiga

Wildswien

hirv

Hirsch

põder

Elk

pais

Staudamm

tuuleturbiin

Windrad

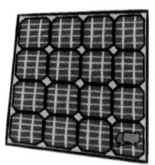

päikesepaneel

Solarmodul

kliima

Klima

restoran
Spieslokal

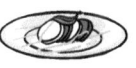

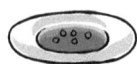

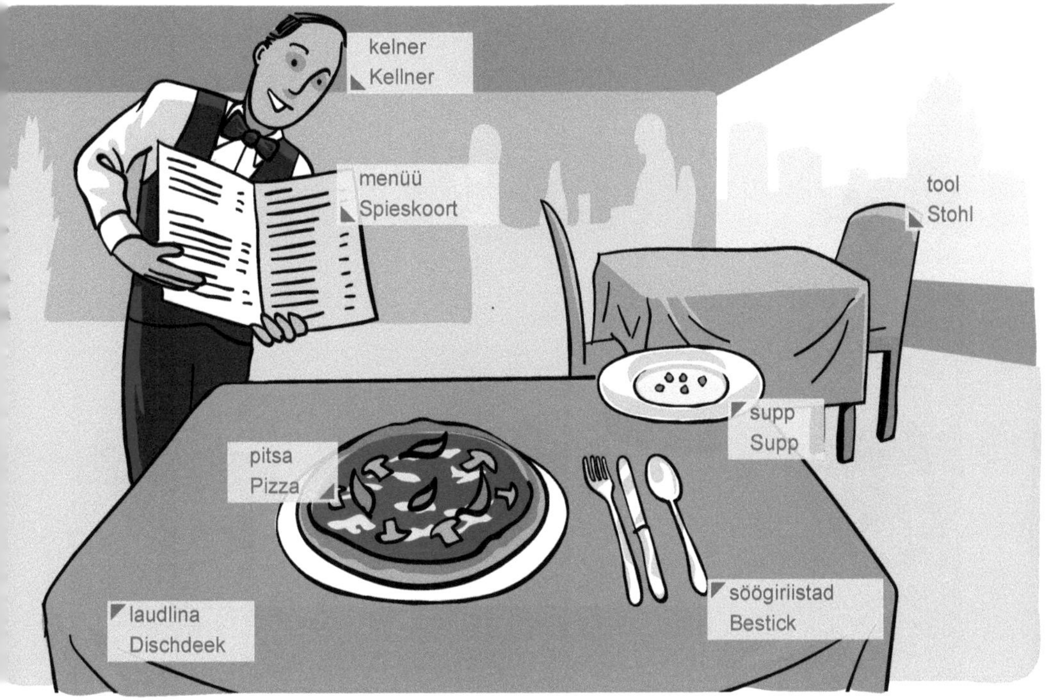
kelner
Kellner
menüü
Spieskoort
tool
Stohl
supp
Supp
pitsa
Pizza
söögiriistad
Bestick
laudlina
Dischdeek

eelroog
Vörspies

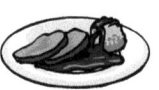

pearoog
Haupteten

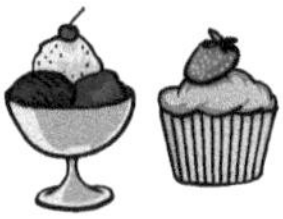

magustoit
Nadisch

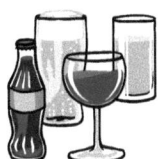

joogid
Drünk

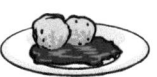

toit
Eten

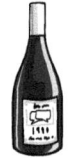

pudel
Buddel

kiirtoit

Fastfood

tänavatoit

Strateneten

teekann

Teekann

suhkrutoos

Zuckerdoos

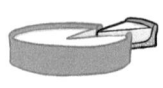

portsjon

Portschoon

espressomasin

Espressomaschien

lastetool

Hoochstohl

arve

Reken

kandik

Tablett

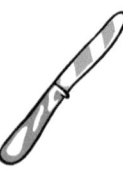

nuga

Mess

kahvel

Gavel

lusikas

Lepel

teelusikas

Teelepel

salvrätik

Munddook

klaas

Glas

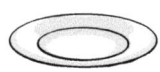

taldrik
Töller

supitaldrik
Suppentöller

alustass
Ünnertass

kaste
Sooß

soolatoos
Soltstreuer

pipraveski
Pepermöhl

äädikas
Etig

õli
Ööl

vürtsid
Krüder

ketšup
Ketchup

sinep
Mostrich

majonees
Mayonnaise

supermarket
Supermarkt

eripakkumine
Anbott
FOR
klient
Kunn
piimatooted
Melkprodukten
puuviljad
Aaft
ostukäru
Inkoopswagen

BUTCHERS

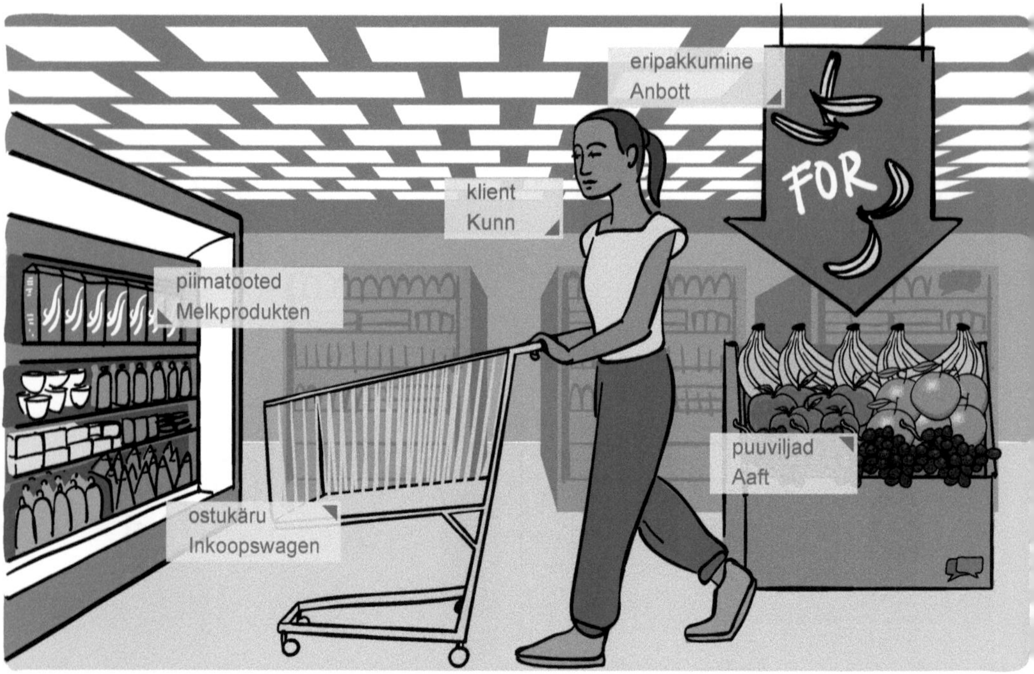

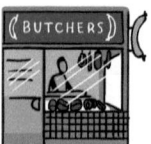

lihapood
Slachterie

BAKERY

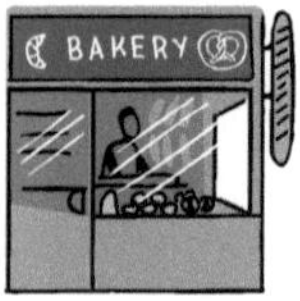

pagariäri
Bäckerie

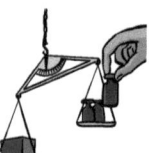

kaaluma
wegen

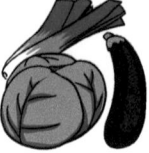

köögiviljad
Gröönsaken

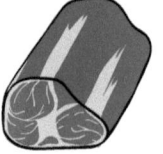

liha
Fleesch

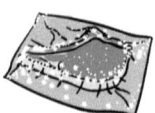

külmutatud toit
Deepköhlkost

lihalõigud

Opsnitt

konservid

Konserven

pesupulber

Waschmiddel

maiustused

Snoopkraam

majatarbed

Huushooltssaken

puhastustooted

Reinmaaktüüch

müüja

Verköpersche

kassaaparaat

Kass

kassapidaja

Kasserer

ostunimekiri

Inkoopslist

lahtiolekuajad

Opsparrtieden

rahakott

Breeftasch

krediitkaart

Kreditkoort

kott

Tasch

kilekott

Plastiktüüt

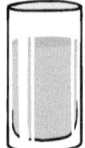

vesi

Water

mahl

Saft

piim

Melk

koola

Cola

vein

Wien

õlu

Beer

alkohol

Spriet

kakao

Kakao

tee

Tee

kohv

Koffie

espresso

Espresso

cappuccino

Cappucino

banaan

Banaan

õun

Appel

apelsin

Appelsien

arbuus

Meloon

sidrun

Zitroon

porgand

Wöttel

küüslauk

Knuuvlook

bambus

Bambus

sibul

Zibbel

seen

Poggenstohl

pähklid

Nööt

nuudlid

Nudeln

spagetid

Spaghetti

riis

Ries

salat

Salat

friikartulid

Pommes frites

praekartulid

Braadkantüffeln

pitsa

Pizza

hamburger

Hamborger

võileib

Sandwich

šnitsel

Snitzel

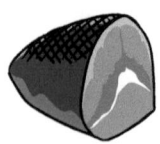

sink

Schinken

salaami

Salami

vorst

Wust

kana

Hohn

praeliha

Braden

kala

Fisch

kaerahelbed

Haverflocken

müsli

Müsli

maisihelbed

Cornflakes

jahu

Mehl

sarvesai

Croissant

kukkel

Rundstück

leib

Broot

röstsai

Toast

küpsised

Keksen

või

Botter

kohupiim

Quark

kook

Koken

muna

Ei

praemuna

Spegelei

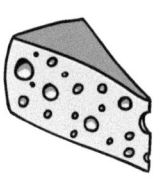

juust

Kees

jäätis

Ies

suhkur

Zucker

mesi

Honnig

moos

Marmelaad

pähklivõie

Nougat-Creme

karri

Curry

talu

Buernhoff

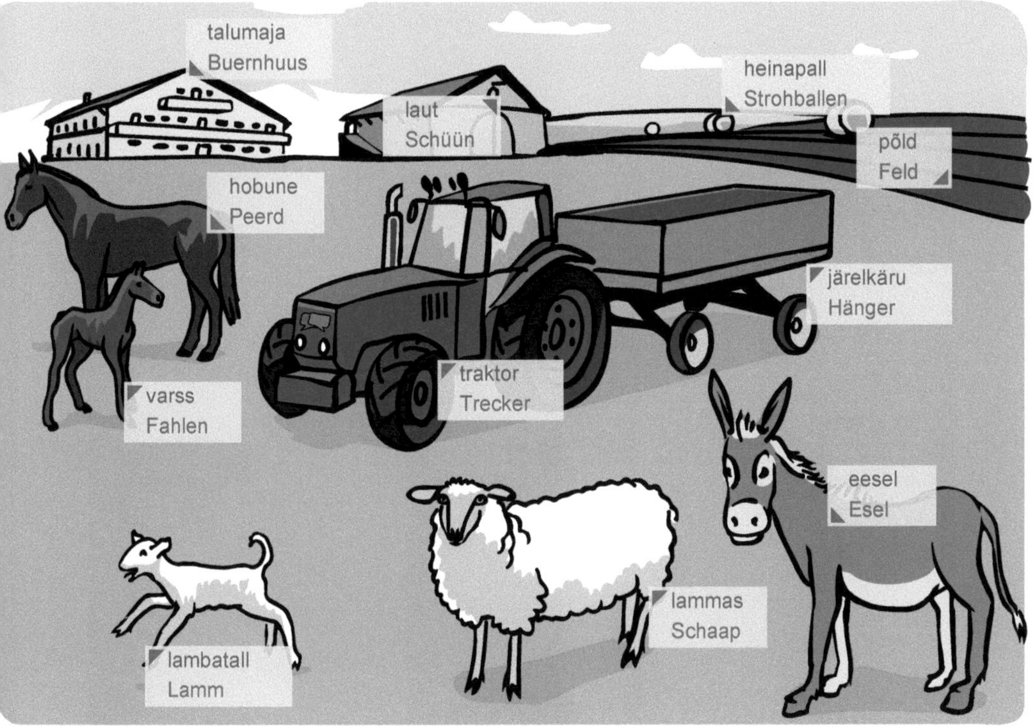
talumaja
Buernhuus
laut
Schüün
heinapall
Strohballen
põld
Feld
hobune
Peerd
järelkäru
Hänger
varss
Fahlen
traktor
Trecker
eesel
Esel
lammas
Schaap
lambatall
Lamm

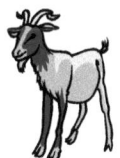

kits

Zeeg

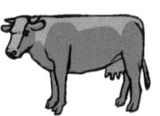

lehm

Koh

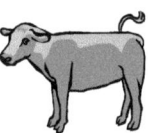

vasikas

Kalf

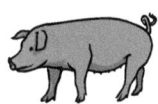

siga

Swien

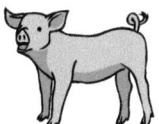

põrsas

Farken

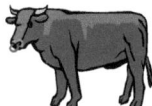

pull

Bull

hani

Goos

part

Aant

tibu

Küken

kana

Hohn

kukk

Hahn

rott

Rott

kass

Katt

hiir

Muus

härg

Oss

koer

Hund

koerakuut

Hunnenhütt

aiavoolik

Goornslauch

kastekann

Geetkann

vikat

Lee

ader

Ploog

sirp

Sich

kõblas

Hack

hang

Mestfork

kirves

Ext

käru

Schuufkoor

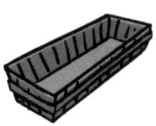

küna

Trog

piimanõu

Melkkann

kott

Sack

tara

Tuun

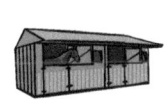

tall

Stall

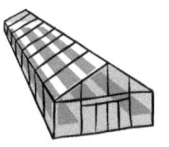

kasvuhoone

Drievhuus

muld

Bodden

seeme

Saat

väetis

Dünger

kombain

Meihdöscher

saaki koristama

oornen

saagikoristus

Oorn

jamss

Yamswöttel

nisu

Weten

soja

Soja

kartul

Kantüffel

mais

Törksche Weten

raps

Rapp

viljapuu

Aaftboom

maniokk

Troopsch Kantüffel

teravili

Koorn

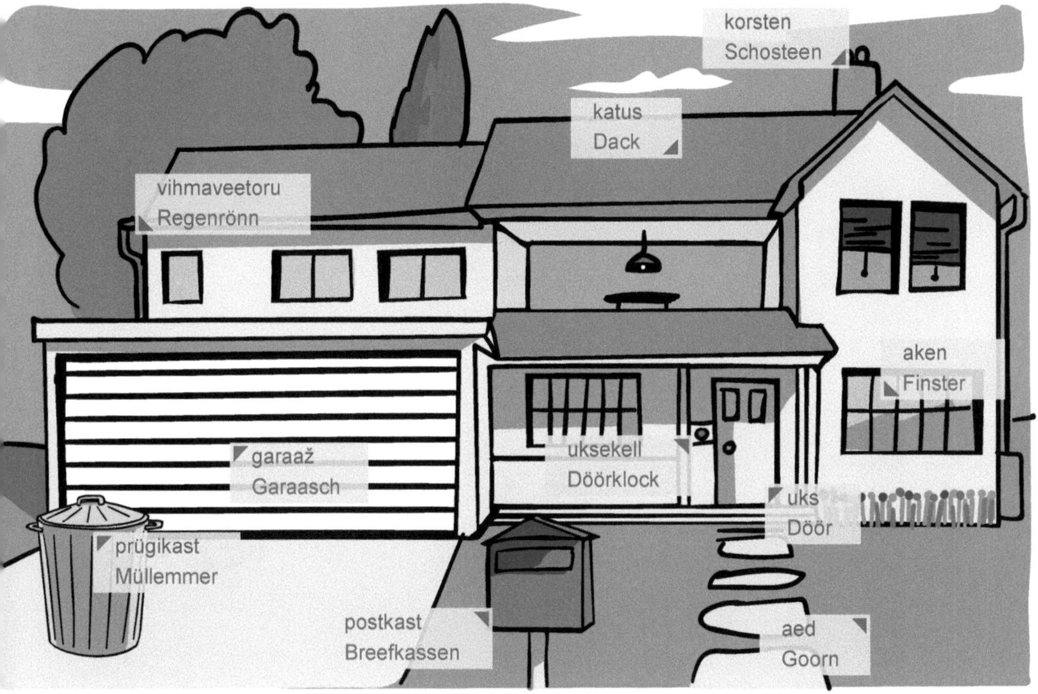

korsten
Schosteen

katus
Dack

vihmaveetoru
Regenrönn

aken
Finster

garaaž
Garaasch

uksekell
Döörklock

uks
Döör

prügikast
Müllemmer

postkast
Breefkassen

aed
Goorn

elutuba

Wahnstuuv

vannituba

Baadstuuv

köök

Köök

magamistuba

Slaapstuuv

lastetuba

Kinnerstuuv

söögituba

Eetstuuv

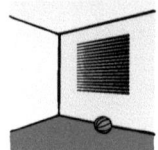

põrand

Footbodden

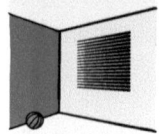

sein

Wand

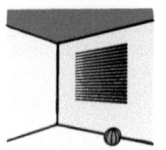

lagi

Deek

kelder

Keller

saun

Hittluftbad

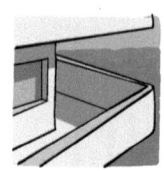

rõdu

Balkon

terrass

Terrass

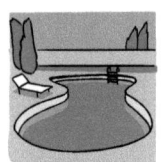

bassein

Swümmbad

muruniiduk

Rasenmeiher

voodilina

Bettbetog

päevatekk

Bettdeek

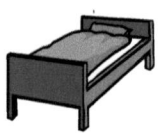

voodi

Puuch

luud

Bessen

ämber

Emmer

lüliti

Schalter

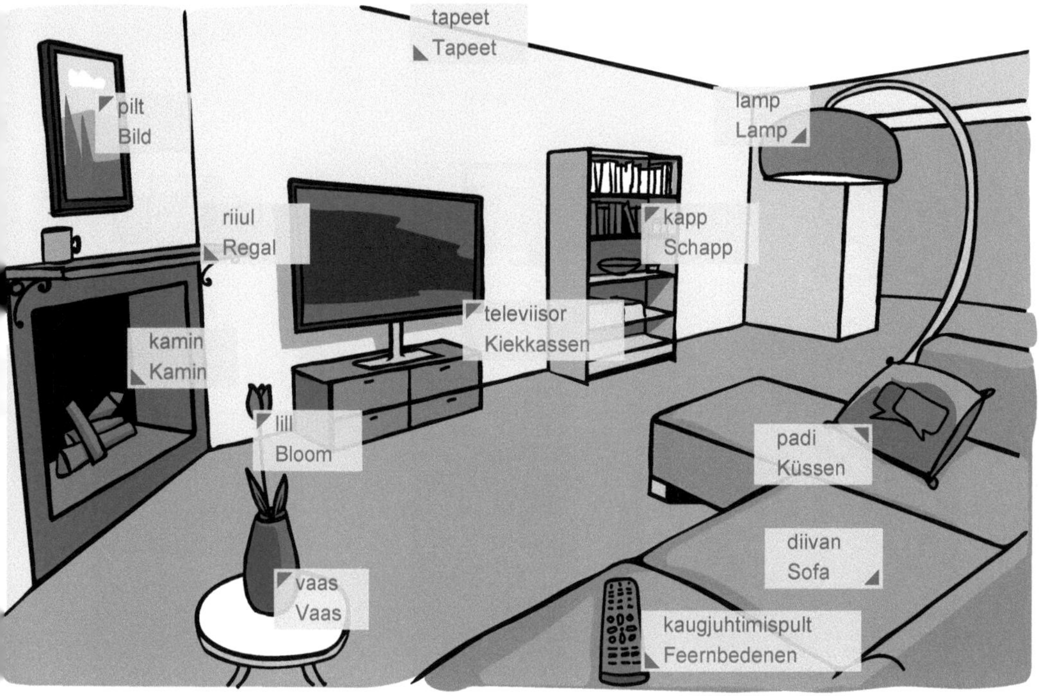

tapeet
Tapeet

pilt
Bild

lamp
Lamp

riiul
Regal

kapp
Schapp

kamin
Kamin

televiisor
Kiekkassen

lill
Bloom

padi
Küssen

diivan
Sofa

vaas
Vaas

kaugjuhtimispult
Feernbedenen

	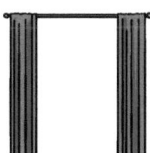	
vaip	kardin	laud
Teppich	Vörhang	Disch

tool	kiiktool	tugitool
Stohl	Schuckelstohl	Sessel

raamat

Book

tekk

Deek

kaunistus

Dekoratschoon

küttepuud

Füerholt

film

Film

helisüsteem

Stereoanlaag

võti

Slötel

ajaleht

Narichtenblatt

maal

Gemälde

plakat

Poster

raadio

Radio

märkmik

Opschrievblock

tolmuimeja

Huulbessen

kaktus

Kaktus

küünal

Kars

kin

külmik
Köhlschapp

mikrolaineahi
Mikrowell

köögikaal
Kökenwaag

röster
Toaster

pesuvahend
Reinmaakmiddel

ahi
Backaven

sügavkülmik
Gefreerfack

prügikast
Müllemmer

nõudepesumasin
Opwaschmaschien

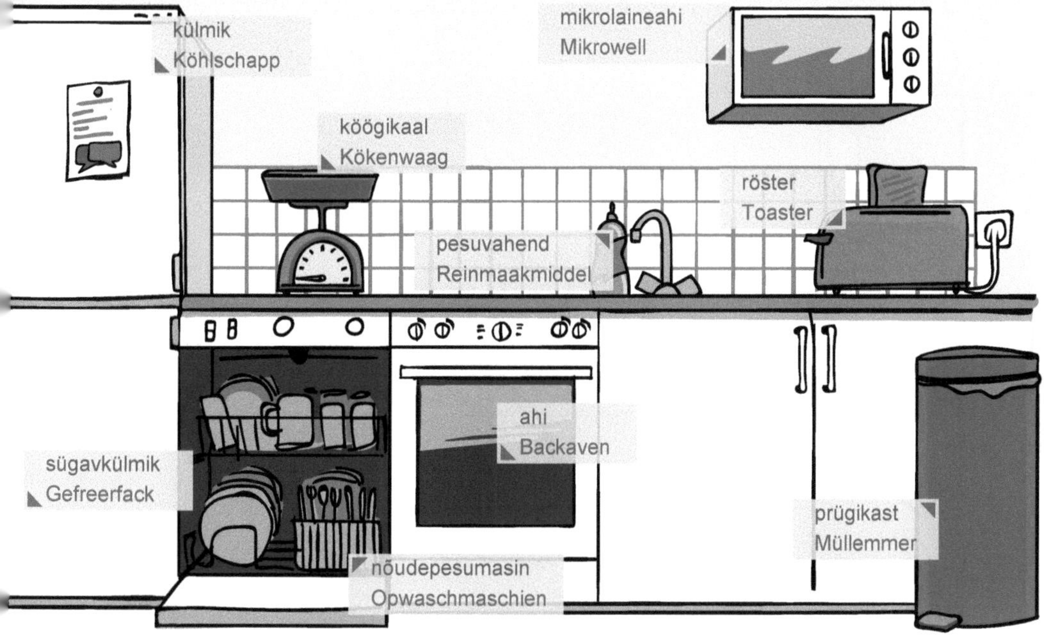

pliit
Heerd

pott
Pott

malmpott
Gussiesern Putt

vokkpann
Wok / Kadai

pann
Pann

veekeetja
Waterkaker

aurutaja

Dampkaakputt

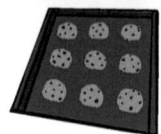

küpsetusplaat

Backblick

lauanõud

Geschirr

kruus

Beker

kauss

Schaal

söögipulgad

Eetsticken

kulp

Suppenkell

pannilabidas

Pannenwenner

vispel

Sneebessen

kurn

Kaakseef

sõel

Seef

riiv

Riev

uhmer

Mörser

grill

Grill

lahtine tuli

Füerstell

lõikelaud
Sniedbrett

tainarull
Nudelholt

korgitser
Proppentrecker

konservipurk
Doos

konserviavaja
Dosenaapner

pajakinnas
Pottlappen

kraanikauss
Waschbecken

hari
Böst

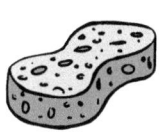

pesukäsn
Swamm

kannmikser
Mixer

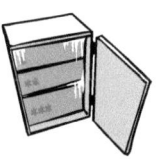

sügavkülmuti
Iesschapp

lutipudel
Nuckelbuddel

segisti
Waterhahn

vannituba
Baadstuuv

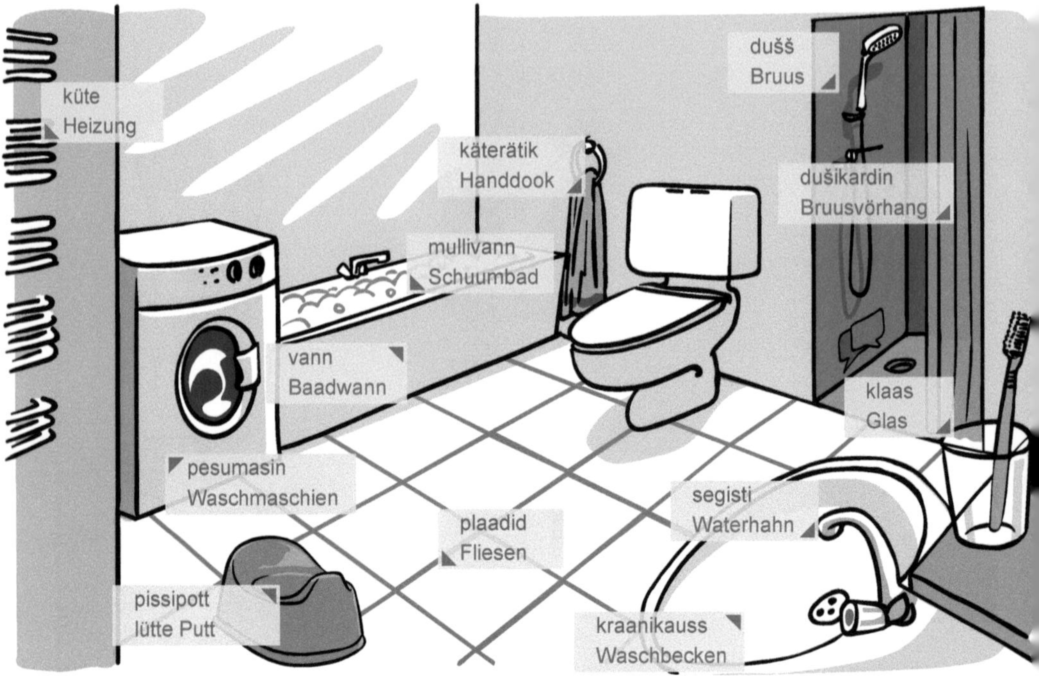

küte
Heizung
käterätik
Handdook
mullivann
Schuumbad
vann
Baadwann
pesumasin
Waschmaschien
pissipott
lütte Putt
plaadid
Fliesen
dušš
Bruus
dušikardin
Bruusvörhang
klaas
Glas
segisti
Waterhahn
kraanikauss
Waschbecken

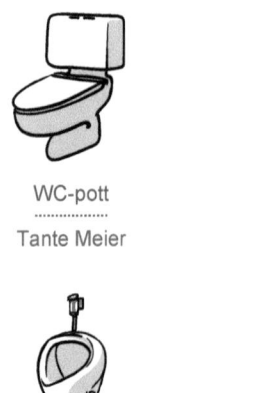

WC-pott

Tante Meier

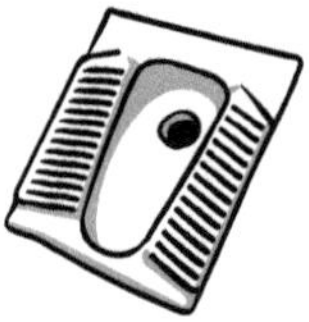

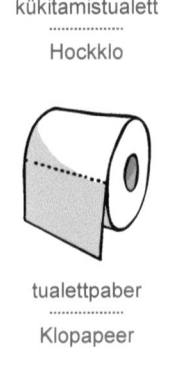

kükitamistualett

Hockklo

bidee

Bidet

pissuaar

Miegbecken

tualettpaber

Klopapeer

WC-hari

Kloböst

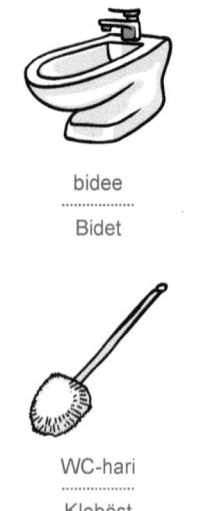

hambahari

Tähnböst

hambapasta

Tähnpast

hambaniit

Tähnsied

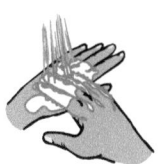

pesema

waschen

käsidušš

Handbruus

intiimdušš

Intimbruus

pesukauss

Waschschöttel

seljahari

Rüchböst

seep

Seep

dušigeel

Bruusgeel

šampoon

Hoorwaschmiddel

vamm

Waschlappen

äravool

Afloop

kreem

Creme

deodorant

Deodorant

peegel
....
Spegel

käsipeegel
....
Kosmetikspegel

habemenuga
....
Raserer

raseerimisvaht
....
Raseerschuum

habemevesi
....
Raseerwater

kamm
....
Kamm

hari
....
Böst

föön
....
Hoordröger

juukselakk
....
Hoorspray

meigikomplekt
....
Smink

huulepulk
....
Lippensticken

küünelakk
....
Nagellack

vatt
....
Watt

küünekäärid
....
Nagelscheer

parfüüm
....
Rüükwater

tualett-tarvete kott

Kulturbüdel

taburet

Schemel

kaal

Waag

hommikumantel

Baadmantel

kummikindad

Gummihanschen

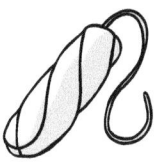

tampoon

Tampon

hügieeniside

Damenbinn

keemiline tualett

Chemieklo

lastetuba
Kinnerstuuv

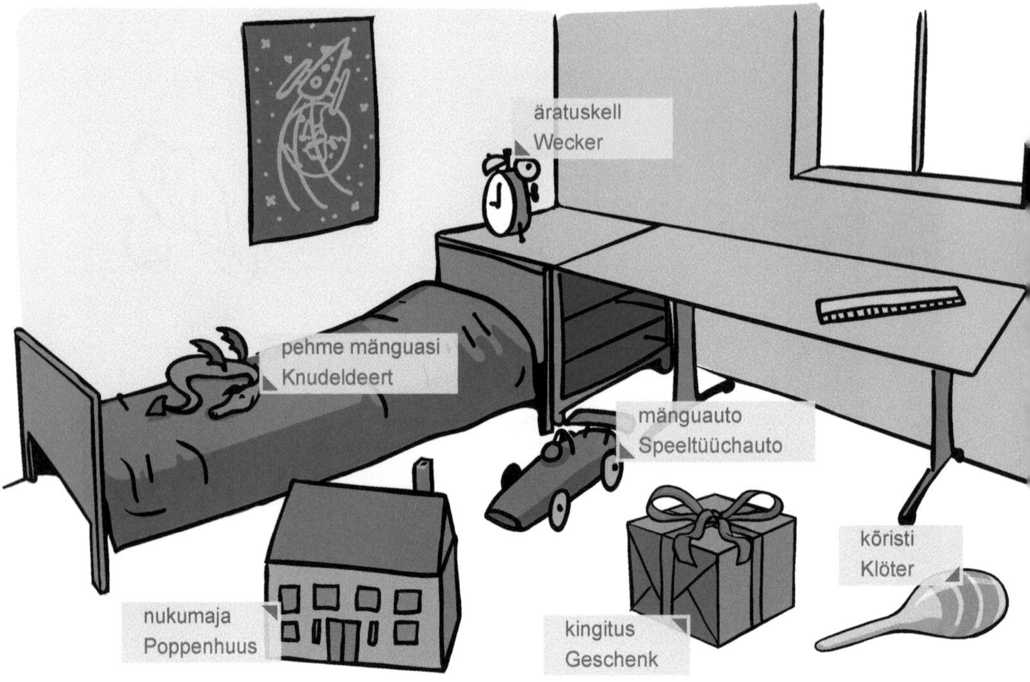
äratuskell
Wecker
pehme mänguasi
Knudeldeert
mänguauto
Speeltüüchauto
kõristi
Klöter
nukumaja
Poppenhuus
kingitus
Geschenk

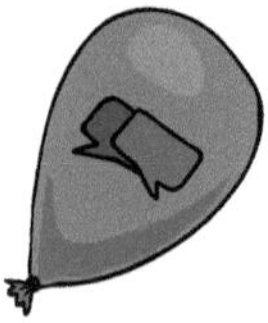

õhupall

Luftballon

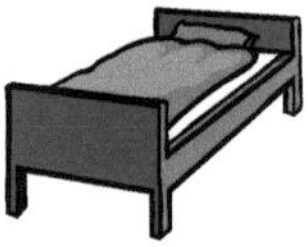

voodi

Puuch

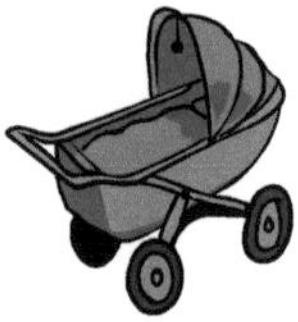

lapsevanker

Kinnerwagen

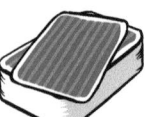

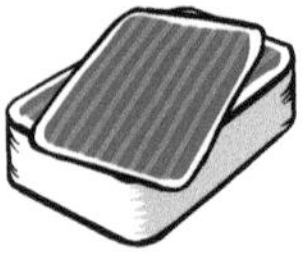

kaardipakk

Koortenspeel

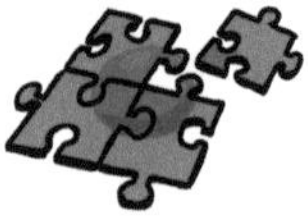

pusle

Puzzle

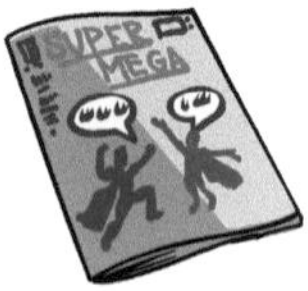

koomiks

Billergeschicht

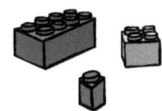

Lego klotsid

Legostenen

klotsid

Bustenen

kujuke

Action-Figur

siputuspüksid

Strampelantog

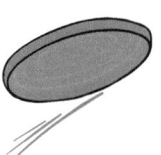

lendav taldrik

Frisbeeschiev

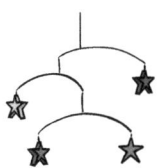

voodikarussell

Mobile

lauamäng

Brettspeel

täringud

Wörpel

mudelrong

Modelliesenbahn

lutt

Snuller

pidu

Party

pildiraamat

Billerbook

pall

Ball

nukk

Popp

mängima

spelen

liivakast

Sandkassen

kiik

Schuckel

mänguasjad

Speeltüüch

mängukonsool

Speelkonsool

kolmerattaline jalgratas

Dreerad

mängukaru

Teddyboor

riidekapp

Klederschapp

riietus

Tüüch

sokid

Socken

sukad

Strümp

sukkpüksid

Strumpbüx

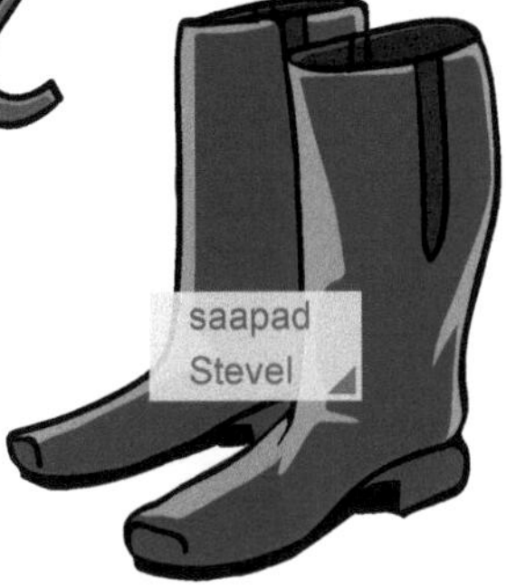

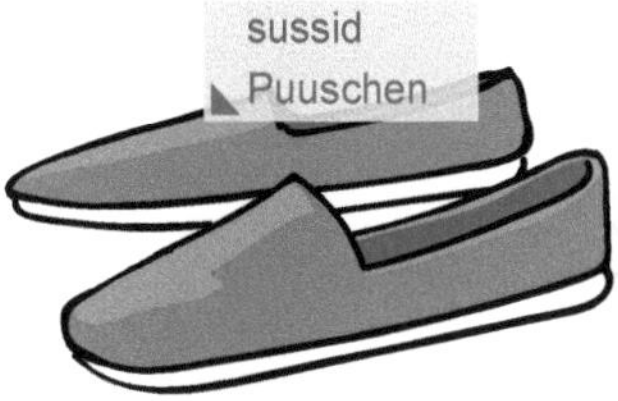

sall
Halsdook

vihmavari
Paraplü

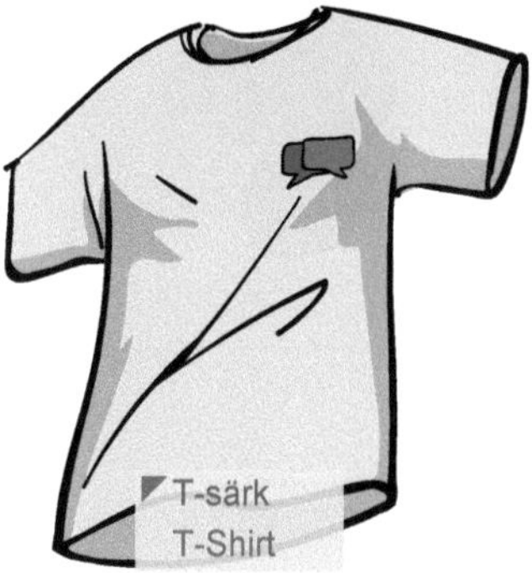

T-särk
T-Shirt

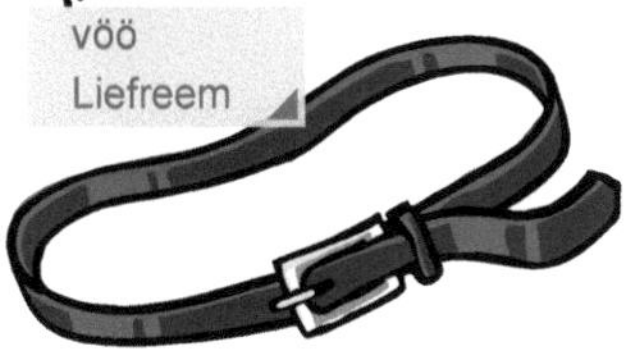

vöö
Liefreem

saapad
Stevel

sussid
Puuschen

tossud
Turnschoh

sandaalid
Sandalen

jalatsid
Schoh

kummikud
Gummistevel

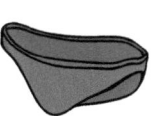

aluspüksid
Ünnerbüx

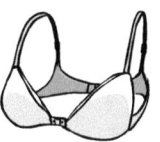

rinnahoidja
Bostholler

vest
Ünnerhemd

bodi

Lief

püksid

Büx

teksapüksid

Jeansnüx

seelik

Rock

pluus

Bluus

särk

Hemd

sviiter

Pullover

dressipluus

Kapuzenpullover

bleiser

Blazer

jakk

Jack

mantel

Mantel

vihmamantel

Övertrecker

kostüüm

Kostüm

kleit

Kleed

pulmakleit

Hochtietskleed

ülikond

Antog

öösärk

Nachtkleed

pidžaama

Slaapantog

sari

Sari

pearätt

Koppdook

turban

Turban

burka

Burka

kaftan

Kaftan

abayah

Abaya

ujumistrikoo

Baadantog

ujumispüksid

Baadbüx

lühikesed püksid

Korte Büx

dressid

Antog to'n Öven

põll

Schört

kindad

Handschoh

nööp

Knopp

prillid

Brill

käevõru

Armband

kaelakee

Halskeed

sõrmus

Ring

kõrvarõngas

Ohrbummel

nokamüts

Mütz

riidepuu

Klederbögel

kaabu

Hoot

lips

Binner

tõmblukk

Rietslüter

kiiver

Helm

traksid

Drachtband

koolivorm

Schooluniform

vormirõivad

Uniform

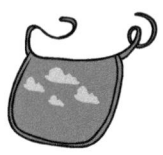

pudipõll

Severböten

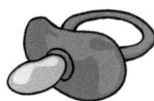

lutt

Snuller

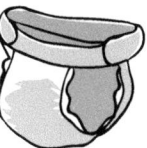

mähe

Winnel

kontor

Büro

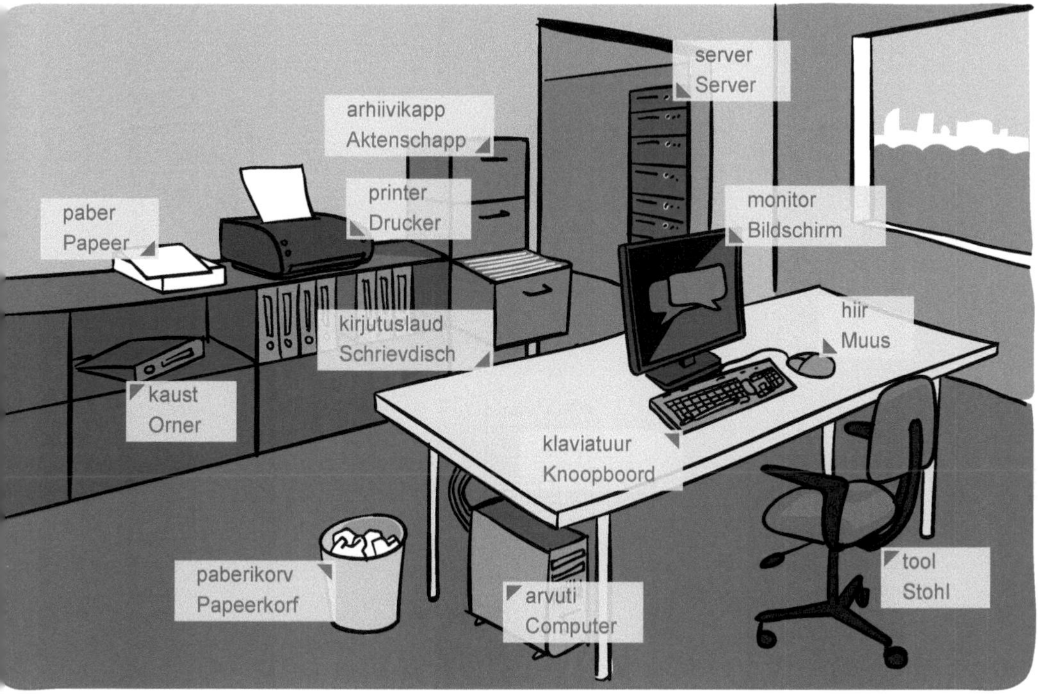

server
Server
arhiivikapp
Aktenschapp
printer
Drucker
paber
Papeer
monitor
Bildschirm
hiir
Muus
kirjutuslaud
Schrievdisch
kaust
Orner
klaviatuur
Knoopboord
tool
Stohl
paberikorv
Papeerkorf
arvuti
Computer

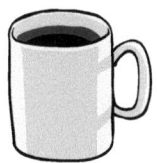

kohvikruus

Koffiebeker

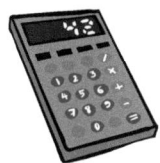

kalkulaator

Taschenreekner

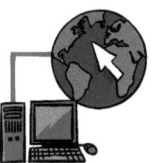

internet

Internet

sülearvuti

Klappreekner

kiri

Breef

sõnum

Naricht

mobiiltelefon

Ackersnacker

võrk

Nettwark

koopiamasin

Kopeerapparat

tarkvara

Software

telefon

Klöönkassen

pistikupesa

Steekdoos

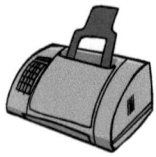

faksimasin

Faxapparat

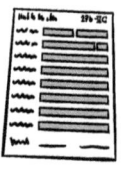

vorm

Formulor

dokument

Dokument

ostma
köpen

maksma
betahlen

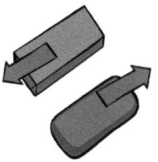

vahetama
hanneln

raha
Geld

dollar
Dollar

euro
Euro

jeen
Yen

rubla
Ruvel

Šveitsi frank
Swiezer Franken

renminbi jüaan
Renminbi Yuan

ruupia
Rupie

sularahaautomaat
Geldautomat

valuutavahetuspunkt

Wesselstuuv

kuld

Gold

hõbe

Sülver

nafta

Ööl

energia

Energie

hind

Pries

leping

Verdrag

maks

Stüer

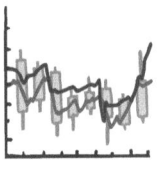

aktsia

Andeelschien

töötama

arbeiden

töötaja

Anstellte

tööandja

Arbeitgever

tehas

Fabrik

kauplus

Hökerie

ametid
Profeschonen

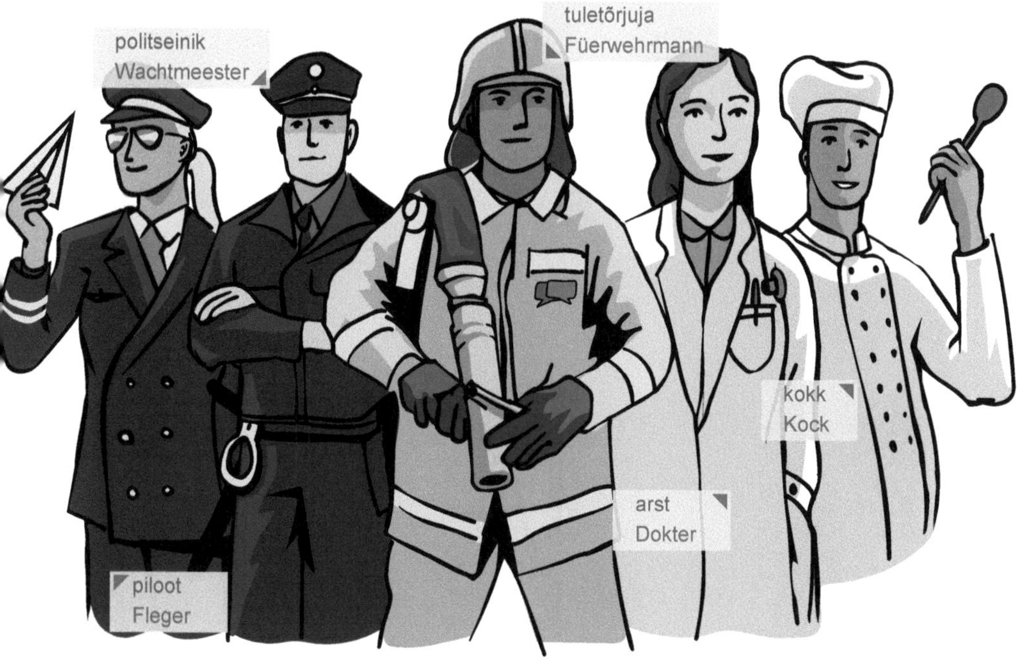
politseinik
Wachtmeester
tuletõrjuja
Füerwehrmann
kokk
Kock
arst
Dokter
piloot
Fleger

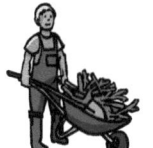

aednik

Goorner

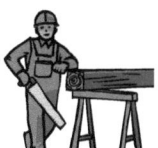

puusepp

Discher

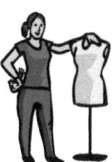

õmbleja

Neihersche

kohtunik

Richter

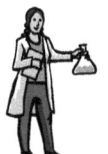

keemik

Chemiker

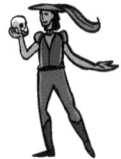

näitleja

Schauspeler

bussijuht

Busfohrer

taksojuht

Taxifohrer

kalamees

Fischer

koristaja

Reinmaakfru

katusepaigaldaja

Dackdecker

kelner

Kellner

jahimees

Jäger

maaler

Maler

pagar

Bäcker

elektrik

Elektriker

ehitaja

Buarbeider

insener

Ingenieur

lihunik

Slachter

torumees

Klempner

postiljon

Postbüdel

sõdur

Suldat

arhitekt

Architekt

kassapidaja

Kasserer

lillemüüja

Florist

juuksur

Putzbüdel

piletikontrolör

Schaffner

mehaanik

Mechaniker

kapten

Kaptein

hambaarst

Tähndokter

teadlane

Wetenschopler

rabi

Rabbi

imaam

Imam

munk

Mönk

preester

Paap

tööriistad
Warktüüch

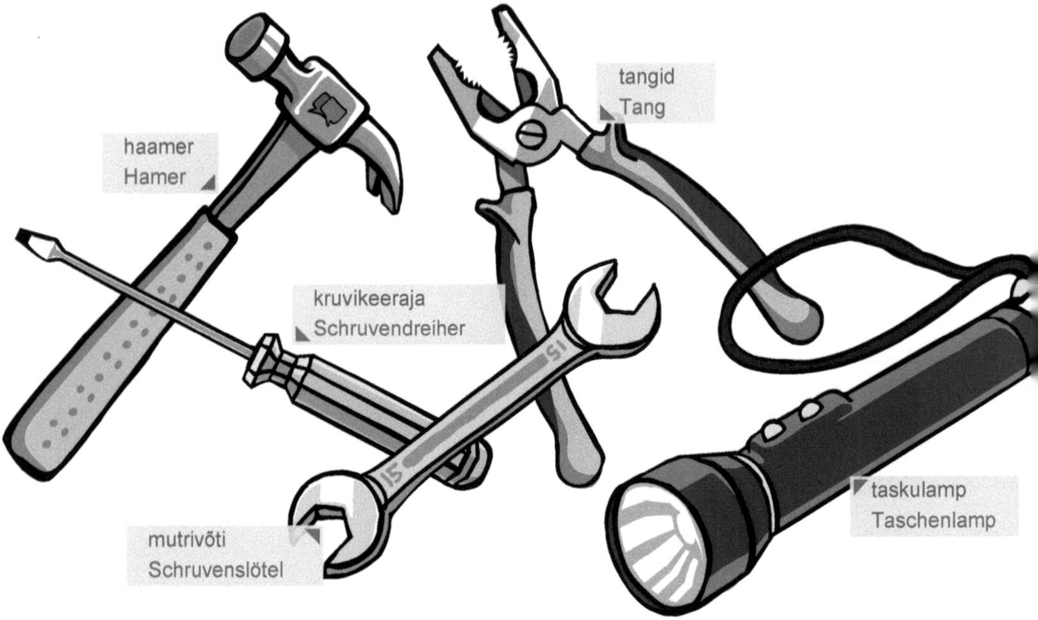
tangid
Tang
haamer
Hamer
kruvikeeraja
Schruvendreiher
mutrivõti
Schruvenslötel
taskulamp
Taschenlamp

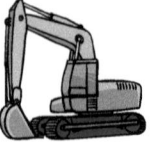

ekskavaator

Grieper

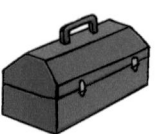

tööriistakast

Warktüüchkassen

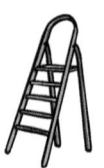

redel

Ledder

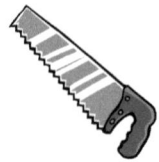

saag

Saag

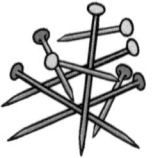

naelad

Nagels

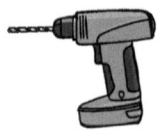

trell

Bohrer

parandama
heelmaken

labidas
Schüffel

Põrgusse!
Schiet!

kühvel
Kehrblick

värvipott
Farvpott

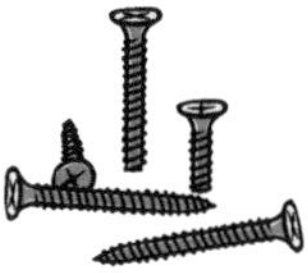

kruvid
Schruven

pillid

Musikinstrumenten

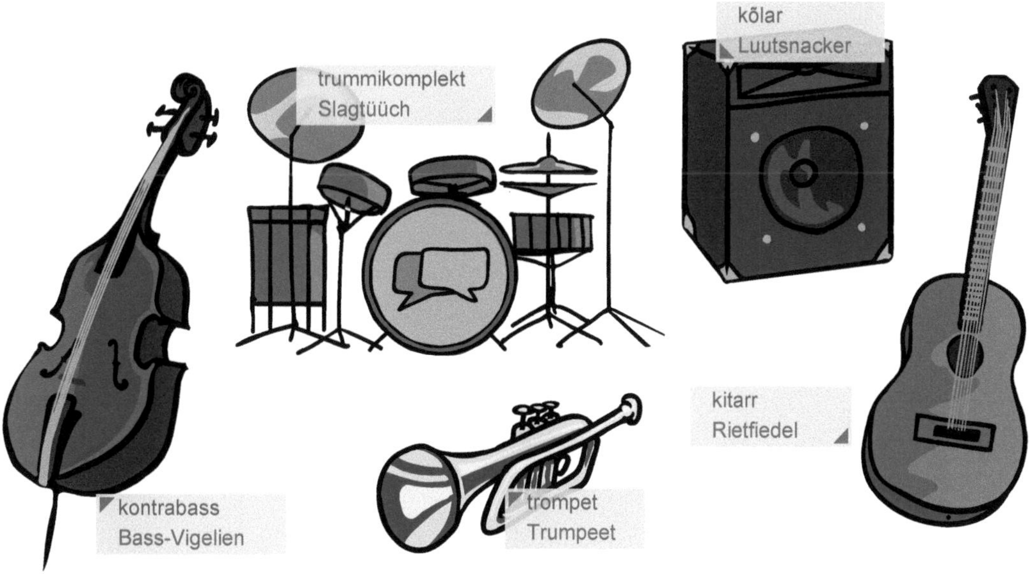

kõlar
Luutsnacker

trummikomplekt
Slagtüüch

kitarr
Rietfiedel

kontrabass
Bass-Vigelien

trompet
Trumpeet

klaver

Klaveer

viiul

Vigelien

bass

Bass

timpan

Pauk

trummid

Trummeln

süntesaator

Keyboard

saksofon

Saxophon

flööt

Fleut

mikrofon

Mikrofoon

pillid - Musikinstrumenten

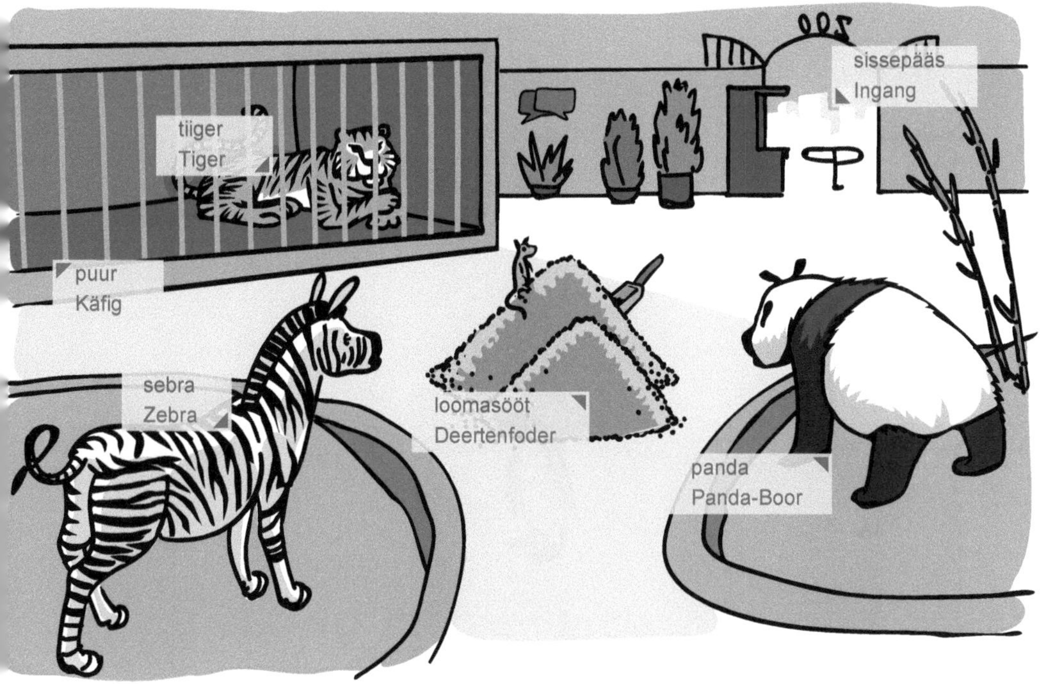

sissepääs
Ingang

tiiger
Tiger

puur
Käfig

sebra
Zebra

loomasööt
Deertenfoder

panda
Panda-Boor

loomad

Deerten

elevant

Elefant

känguru

Känguru

ninasarvik

Neeshoorn

gorilla

Gorilla

karu

Boor

kaamel
Kameel

jaanalind
Struuß

lõvi
Lööv

ahv
Aap

flamingo
Flamingo

papagoi
Papagoi

jääkaru
lesboor

pingviin
Pinguin

hai
Haifisch

paabulind
Pageluun

madu
Slang

krokodill
Krokodil

loomaaiatalitaja
Oppasser in'n Deertenpark

hüljes
Saalhund

jaaguar
Jaguor

poni

Pony

leopard

Leopard

jõehobu

Nilpeerd

kaelkirjak

Giraff

kotkas

Aadler

metssiga

Wildswien

kala

Fisch

kilpkonn

Schildkrööt

morsk

Walross

rebane

Voss

gasell

Gazell

Ameerika jalgpall
Amerikaansch Football

jalgrattasõit
Radfohren

tennis
Tennis

korvpall
Korfball

ujumine
Swümmen

poksimine
Boxen

jäähoki
Ieshockey

jalgpall

Football

sulgpall

Fedderball

kergejõustik

Leichtathletik

käsipall

Handball

suusatamine

Skilopen

polo

Polo

tegevused
Aktivitäten

naerma
lachen
hüppama
springen
kallistama
ümarmen
jalutama
gahn
laulma
singen
unistama
drömen
palvetama
beden
suudlema
snuteln

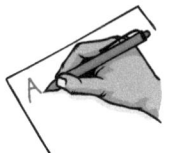

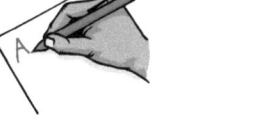

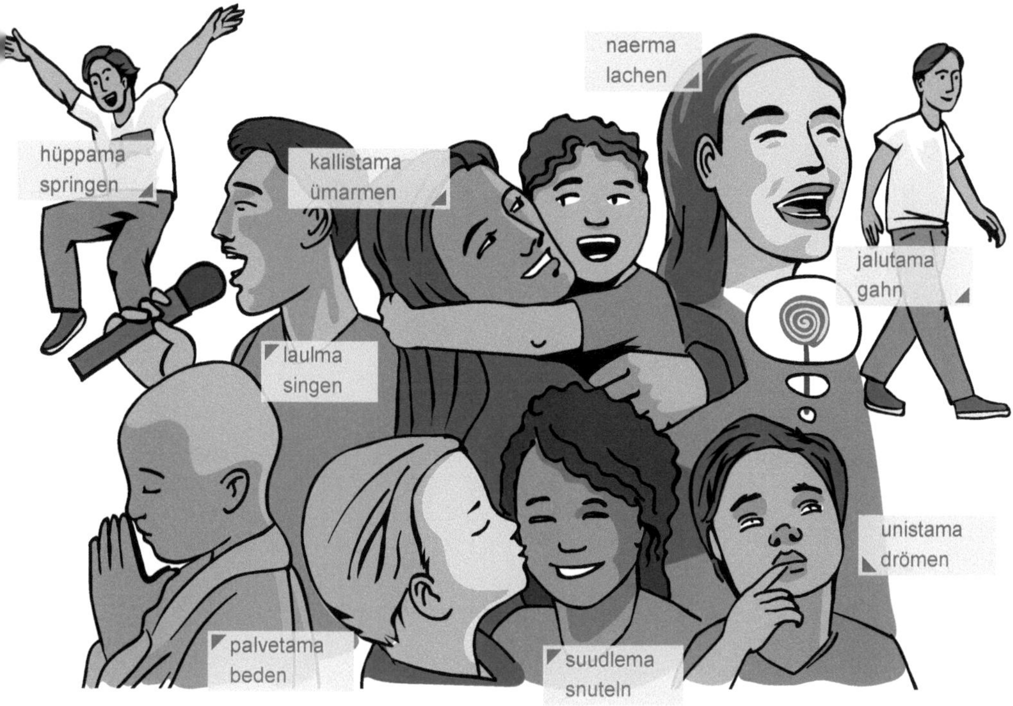

kirjutama
schrieven

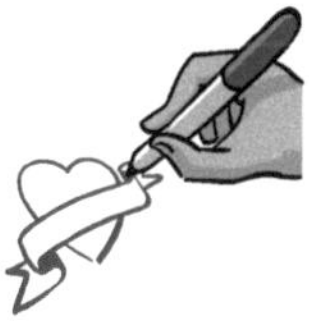

joonistama
teken

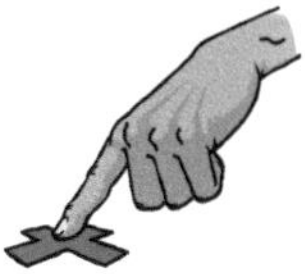

näitama
wiesen

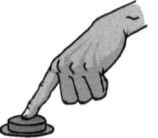

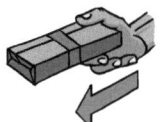

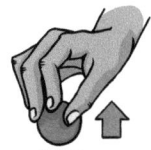

lükkama
drücken

andma
geven

võtma
nehmen

omama

hebben

tegema

doon

olema

sien

seisma

stahn

jooksma

lopen

tõmbama

trecken

viskama

smieten

kukkuma

fallen

lamama

liggen

ootama

töven

kandma

dregen

istuma

sitten

riidesse panema

antrecken

magama

slapen

ärkama

opwaken

vaatama

ankieken

nutma

wenen

paitama

eien

kammima

kämmen

rääkima

snacken

aru saama

verstahn

küsima

fragen

kuulama

hören

jooma

drinken

sööma

eten

korrastama

oprümen

armastama

leefhebben

süüa tegema

kaken

sõitma

fohren

lendama

flegen

purjetama

segeln

arvutama

reken

lugema

lesen

õppima

lehren

töötama

arbeiden

abielluma

de Plünnen tohoopsmieten

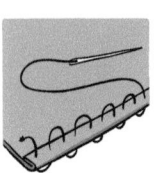

õmblema

neihen

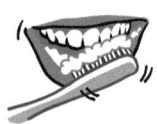

hambaid pesema

Tähnen putzen

tapma

dootmaken

suitsetama

smöken

saatma

schicken

vanaema
Grootmoder

vanaisa
Grootvadder

isa
Vadder

ema
Moder

imik
Winnelkind

tütar
Dochter

poeg
Söhn

külaline

Gast

tädi

Tant

onu

Unkel

vend

Broder

õde

Süster

keha
Lief

otsmik
Vörkopp
silm
Oog
õlg
Schuller
sõrm
Finger
nägu
Gesicht
lõug
Kinn
käsi
Hand
jalg
Been
rind
Bost
käsivars
Arm

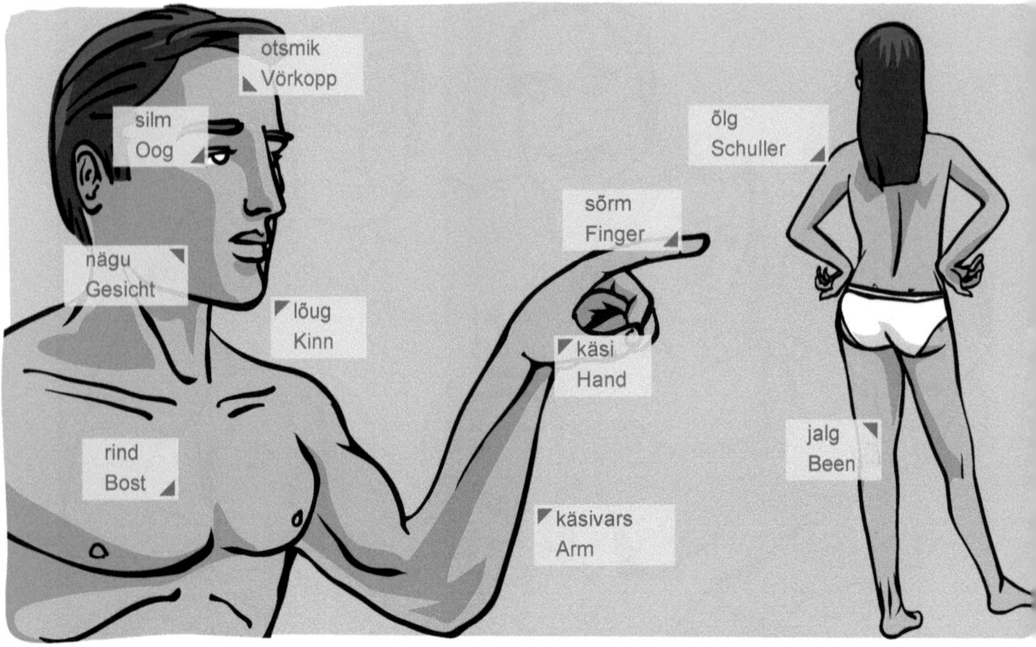

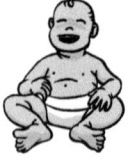

imik

Winnelkind

mees

Mann

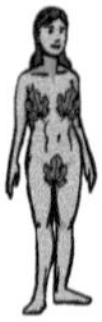

naine

Fro

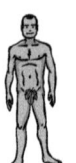

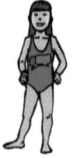

tüdruk

Deern

poiss

Jung

pea

Arm

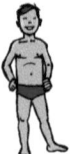

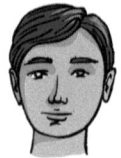

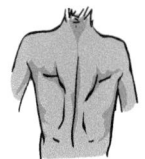

selg

Rüch

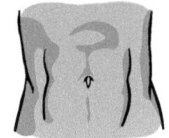

kõht

Buuk

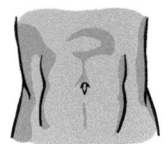

naba

Navel

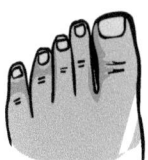

varvas

Teh

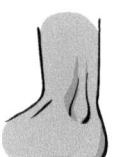

kand

Hack

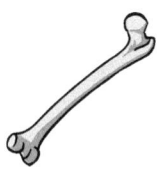

luu

Knaken

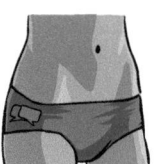

puus

Hüft

põlv

Knee

küünarnukk

Ellbagen

nina

Nees

tagumik

Achtersen

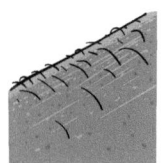

nahk

Huut

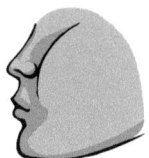

põsk

Back

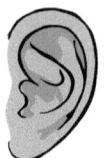

kõrv

Ohr

huuled

Lipp

suu

Mund

hammas

Tähn

keel

Tung

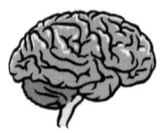

aju

Bregen

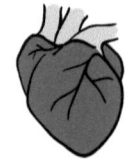

süda

Hart

lihas

Muskel

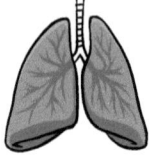

kops

Lung

maks

Lever

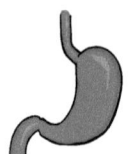

magu

Maag

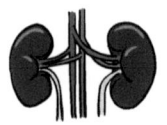

neerud

Neren

seksuaalvahekord

Bislaap

kondoom

Kondoom

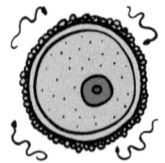

munarakk

Eizell

sperma

Sperma

rasedus

Anner Ümstänn

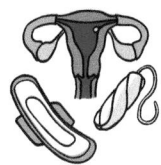

menstruatsioon
....
Menstruatschoon

vagiina
....
Scheed

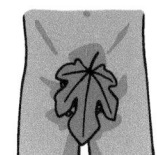

peenis
....
Pint

kulm
....
Ogenbroe

juuksed
....
Hoor

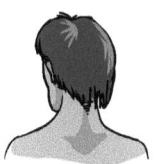

kael
....
Hals

haigla
Krankenhuus

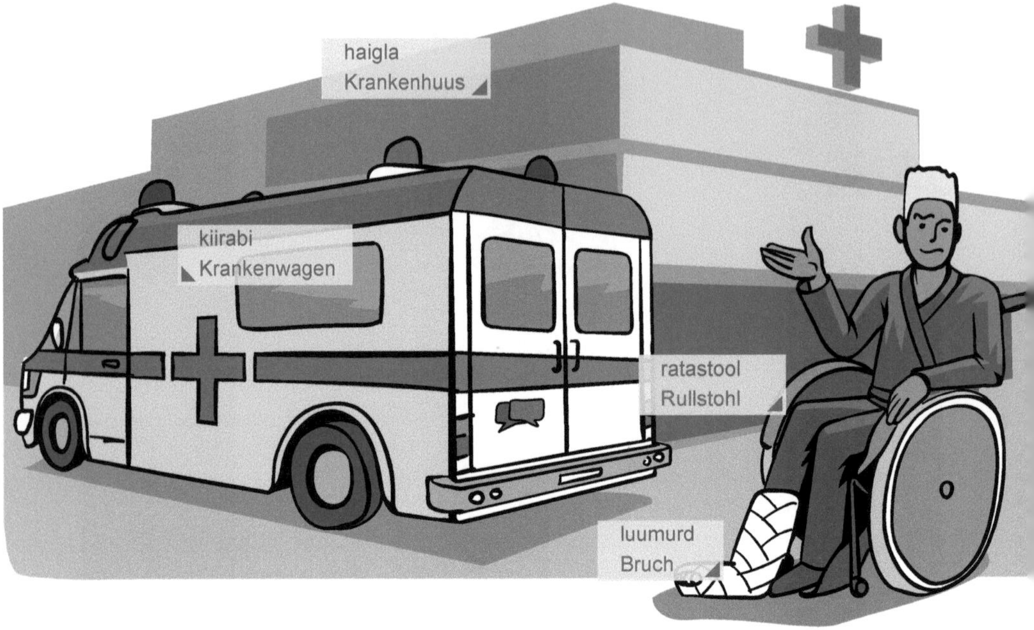

haigla
Krankenhuus
kiirabi
Krankenwagen
ratastool
Rullstohl
luumurd
Bruch

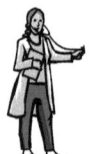

arst
Dokter

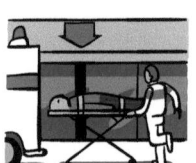

traumapunkt
Nootopnahm

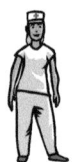

meditsiiniõde
Krankensüster

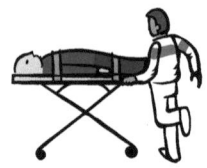

hädaolukord
Nootfall

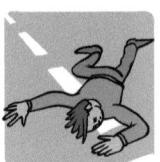

teadvuseta
ahnmächtig

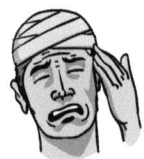

valu
Wehdaag

vigastus

Verwunnen

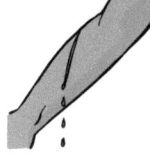

verejooks

Blöden

südamerabandus

Hartinfarkt

insult

Slaganfall

allergia

Allergie

köha

Hoosten

palavik

Fever

gripp

Gripp

kõhulahtisus

Dörchfall

peavalu

Koppwehdaag

vähk

Kreeft

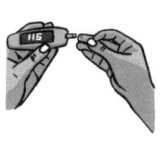

diabeet

Zuckersüük

kirurg

Chirurg

skalpell

Chirurgsch Mess

operatsioon

Operatschoon

KT

CT

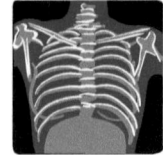

röntgen

Dörchlüchten

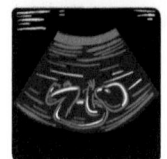

ultraheli

Ultraschall

mask

Mask

haigus

Krankheit

ooteruum

Töövruum

kark

Krück

kips

Plaaster

side

Verband

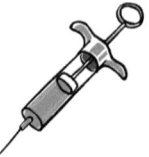

süst

Insprütten

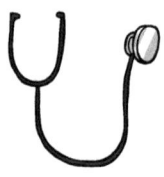

stetoskoop

Stethoskop

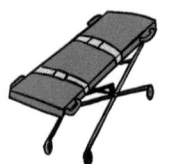

kanderaam

Draag

kraadiklaas

Feverthermometer

sünd

Geboort

ülekaaluline

Övergewicht

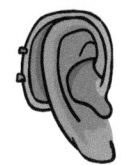

kuuldeaparaat

Hörapparat

desinfektsioonivahend

Kiemfriemiddel

põletik

Ansteken

viirus

Virus

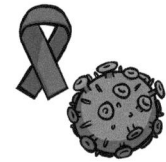

HIV / AIDS

HIV / AIDS

meditsiin

Heelmiddel

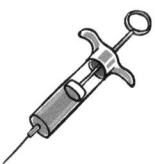

vaktsineerimine

Impen

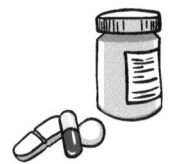

tabletid

Tabletten

pill

Pill

hädaabikõne

Nootroop

vererõhuaparaat

Blootdruck-Meter

haige / terve

krank / gesund

Appi!

Hölp!

häire

Alarm

kallaletung

Överfall

rünnak

Angreep

oht

Gefohr

avariiväljapääs

Nootutgang

Tulekahju!

Füer!

tulekustuti

Füerlöscher

õnnetus

Unfall

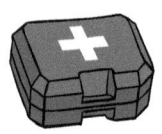

esmaabikomplekt

Noothölpkoffer

SOS

SOS

politsei

Polizei

Euroopa

Europa

Põhja-Ameerika

Noordamerika

Lõuna-Ameerika

Süüdamerika

Aafrika

Afrika

Aasia

Asien

Austraalia

Australien

Atlandi ookean

Atlantik

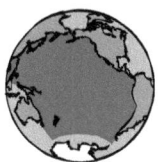

Vaikne ookean

Pazifik

India ookean

Indisch Weltmeer

Lõuna-Jäämeri

Antarktisch Weltmeer

Põhja-Jäämeri

Arktisch Weltmeer

põhjapoolus

Noordpol

lõunapoolus

Süüdpol

Antarktika

Antarktis

Maa

Eerd

maismaa

Land

meri

See

saar

Eiland

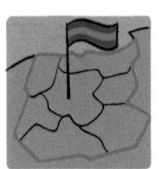

rahvus

Natschoon

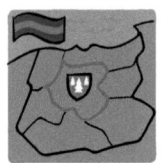

riik

Staat

sihverplaat

Tallenblatt

tunniosuti

Stunnenwieser

minutiosuti

Minutenwieser

sekundiosuti

Sekunnenwieser

Mis kell on?

Wo laat is dat?

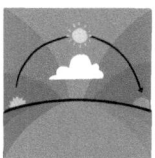

päev

Dag

aeg

Tiet

praegu

nu

digitaalne kell

digetaalsch Klock

minut

Minuut

tund

Stunn

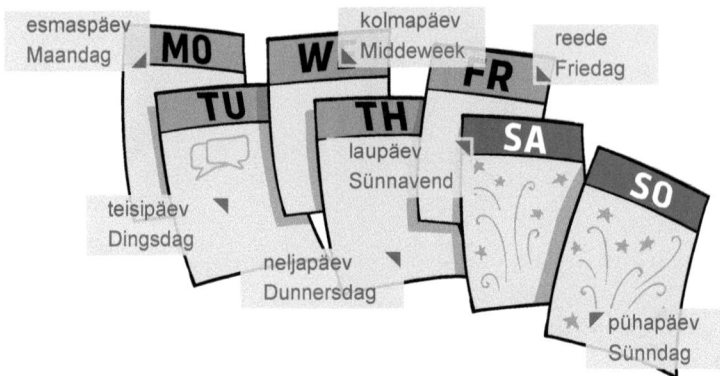

esmaspäev
Maandag

kolmapäev
Middeweek

reede
Friedag

teisipäev
Dingsdag

laupäev
Sünnavend

neljapäev
Dunnersdag

pühapäev
Sünndag

eile

güstern

täna

hüüt

homme

morgen

hommik

Morgen

lõuna

Meddag

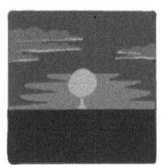

õhtu

Avend

MO	TU	WE	TH	FR	SA	SU
1	2	3	4	5	6	7
8	9	10	11	12	13	14
15	16	17	18	19	20	21
22	23	24	25	26	27	28
29	30	31	1	2	3	4

tööpäevad

Arbeitsdaag

MO	TU	WE	TH	FR	SA	SU
1	2	3	4	5	6	7
8	9	10	11	12	13	14
15	16	17	18	19	20	21
22	23	24	25	26	27	28
29	30	31	1	2	3	4

nädalavahetus

Wekenenn

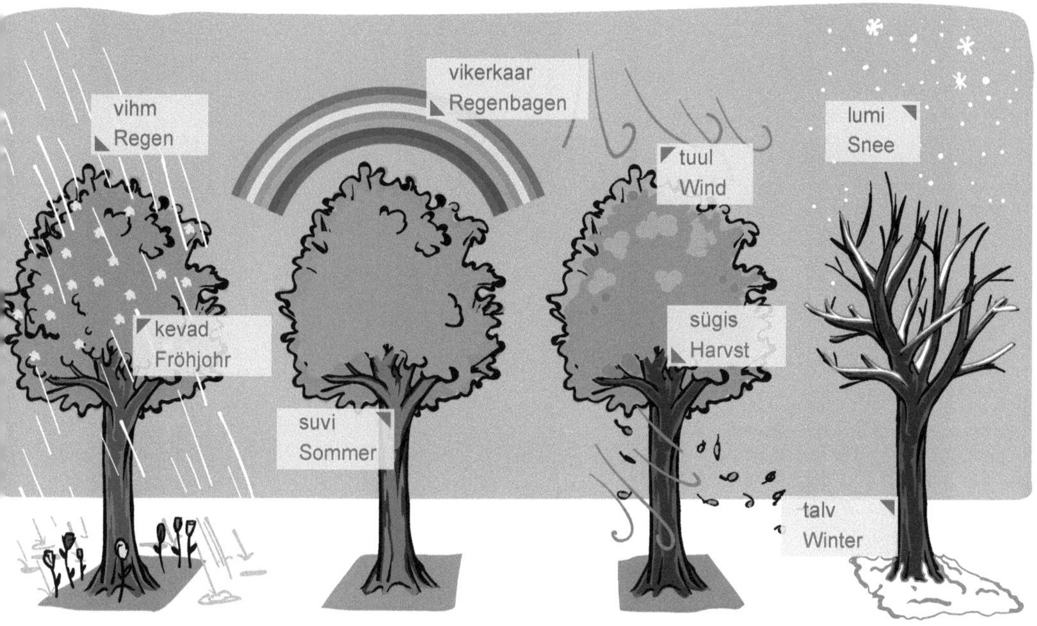

vihm
Regen
vikerkaar
Regenbagen
lumi
Snee
tuul
Wind
kevad
Fröhjohr
sügis
Harvst
suvi
Sommer
talv
Winter

4.APRIL 11°
5.APRIL 4°
6.APRIL 13°
7.APRIL 8°
8.APRIL 10°

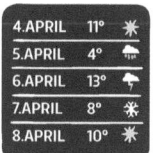

ilmaennustus

Wedervörhersaag

F C
120 40
90 30
60 20
30 10
0 0
-30 -10
-20

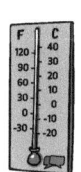

termomeeter

Thermometer

päikesepaiste

Sünnenschien

pilv

Wulk

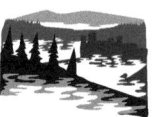

udu

Nevel

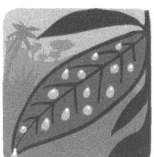

niiskus

Luftfuchtigkeit

pikne

Blitz

kõu

Dunner

torm

Storm

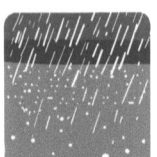

rahe

Hagel

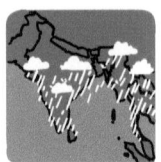

mussoon

Monsun

üleujutus

Floot

jää

Ies

jaanuar

Januormaand

veebruar

Februormaand

märts

Martmaand

aprill

Aprilmaand

mai

Maimaand

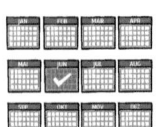

juuni

Junimaand

juuli

Julimaand

august

Augustmaand

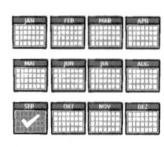

september
Septembermaand

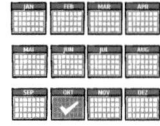

oktoober
Oktobermaand

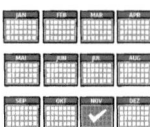

november
Novembermaand

detsember
Dezembermaand

kujundid
Formen

ring
Krink

ruut
Quadrat

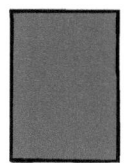

nelinurk
Rechteck

kolmnurk
Dreeeck

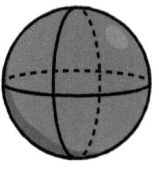

kera
Kugel

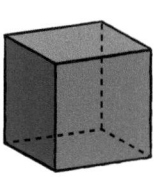

kuup
Wörpel

valge

witt

kollane

geel

oranž

orangsch

roosa

pink

punane

root

lilla

lila

sinine

blau

roheline

gröön

pruun

bruun

hall

gries

must

swart

palju / vähe

veel / wenig

vihane / rahulik

böös / verdreeglich

ilus / inetu

smuck / mies

algus / lõpp

Begünn / Enn

suur / väike

groot / lütt

hele / tume

hell / düüster

vend / õde

Broder / Süster

puhas / must

schier / schietig

täielik / puudulik

kumpleet / nich kumpleet

päev / öö

Dag / Nacht

surnud / elus

doot / lebennig

lai / kitsas

breet / small

söödav / mittesöödav

geneetbor / nich geneetbor

kuri / sõbralik

böös / fründlich

põnevil / tüdinud

fickerig / langwielt

paks / peenike

dick / dünn

esimene / viimane

toeerst / toletzt

sõber / vaenlane

Fründ / Fiend

täis / tühi

vull / leddig

kõva / pehme

hart / week

raske / kerge

swoor / licht

nälg / janu

Smacht / Döst

haige / terve

krank / gesund

ebaseaduslik / seaduslik

nich na't Recht / na't Recht

tark / rumal

klook / dummerhaftig

vasak / parem

linkerhand / rechterhand

lähedal / kaugel

neeg / feern

uus / kasutatud

nieg / bruukt

mitte midagi / midagi

nix / wat

vana / noor

oolt / jung

sees / väljas

an / ut

lahti / kinni

apen / slaten

vaikne / vali

lies / luut

rikas / vaene

riek / arm

õige / vale

richtig / verkehrt

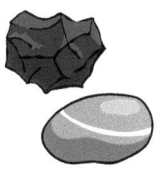

kare / sile

ruug / glatt

kurb / rõõmus

trurig / glücklich

lühike / pikk

kort / lang

aeglane / kiire

suutje / flink

märg / kuiv

natt / dröög

soe / jahe

warm / köhl

sõda / rahu

Krieg / Freden

0	**1**	**2**
null	üks	kaks
null	een	twee

3	**4**	**5**
kolm	neli	viis
dree	veer	fief

6	**7**	**8**
kuus	seitse	kaheksa
söss	söven	acht

9	**10**	**11**
üheksa	kümme	üksteist
negen	teihn	ölven

12

kaksteist

twölf

13

kolmteist

dörteihn

14

neliteist

veerteihn

15

viisteist

föffteihn

16

kuusteist

sössteihn

17

seitseteist

söventeihn

18

kaheksateist

achtteihn

19

üheksateist

negenteihn

20

kakskümmend

twintig

100

sada

hunnert

1.000

tuhat

dusend

1.000.000

miljon

million

inglise

Engelsch

Ameerika inglise

Amerikaansch Engelsch

mandariini

Chineesch Mandarin

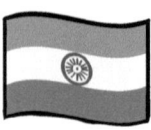

hindi

Hindi

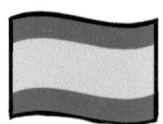

hispaania

Spaansch

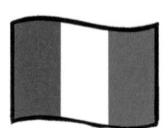

prantsuse

Franzöösch

araabia

Araabsch

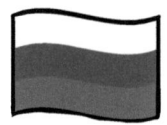

vene

Rusch

portugali

Portugiesch

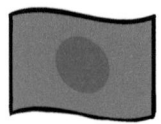

bengali

Bengaalsch

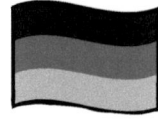

saksa

Düütsch

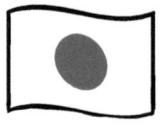

jaapani

Japaansch

mina

ik

sina

du

tema

he / se / dat

meie

wi

teie

ji

nemad

se

kes?

keen?

mis?

wat?

kuidas?

woans?

kus?

woneem?

millal?

wannehr?

nimi

Naam

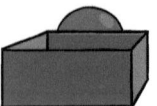

taga
....
achter

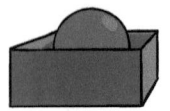

sees
....
in

ees
....
vör

kohal
....
över

peal
....
op

all
....
ünner

kõrval
....
blangen

vahel
....
twüschen

koht
....
Oort